Chris Jacobsen

L...wie

Bibliografische Information der Deutschen
Nationalbibliothek:
Die Deutsche Nationalbibliothek verzeichnet diese
Publikation in der Deutschen Nationalbibliografie;
detaillierte bibliografische Daten sind im Internet über
http://dnb.dnb.de abrufbar.

Herstellung und Verlag: BoD – Books on Demand,
Norderstedt

ISBN: 978-3-7347-6125-6

Vor dem nächsten Schritt,

sollten wir alle etwas kürzertreten

Chris Jacobsen

Augenblicke

Diese langen Augenblicke

ohne dich

und ohne uns

sind so endlos, wenn ich denke

dass

du

bald wieder

bei mir bist.

Wenn

du

hier bist

sind Momente

wirklich nur ein

Wimpernschlag

Viel zu kurz

ist dann

die Zeit

die wir unser Eigen nennen

Bücherliebe

Irgendwo im Bücherbord

da stand ein Buch

so ganz allein

es wär so gerne fortgelaufen

doch hat es keine Beine

So stand es rum

und wurde alt

und auch etwas verfärbt

und als der Leser dann auch starb

da wurde es vererbt

Es zog in einen großen Raum

mit Licht gleich nem Salon

so kann man auch ein Buch erretten

kommt´s raus dem Karton

Drum lasst die Bücher

nie allein

und auch nicht mal im Dunkeln

nehmt sie heraus

und schlagt sie auf

sie bringen euch zum Funkeln

Deine

In Deiner Art

mir leis zu sagen

dass ich einen

Fehler

mache

Ist

viel mehr

als bloße Liebe

ist viel tiefer

als Vergebung

Deine Worte

Zart wie Seide

deine Worte

warm und weich

ganz so wie Du

laufen über meine Seele

wie ein warmer Sommerregen

Der Frühling

Es ist wie Frühling

was ich fühle

wenn du in meiner Nähe bist

in mir fängt alles an zu wachsen

frisch und neu

und voller Kraft

Und das tust du

einfach immer

jeden Tag

aufs Neue dann

ist in mir ein wahrer Wildwuchs

voller neuer wilder Kraft

Der Morgenkaffee

Neulich morgen wachte ich auf und meine mir liebste Frau lag entspannt da, und blies ihre Träume durch ihr entspanntes Lippenpaar.

Ein göttlicher Anblick, den ich aus Diskretionsgründen nicht näher beschreibe.

Ich schlich mich in seniler Bettfluchtmanier auf Zehenspitzen davon und war davon überzeugt, dass ich sie mit einem extragroßen Sonderfrühstück überraschen wollte.

Also Küche angesteuert und in die gähnende Leere geschaut, ob da vielleicht doch noch, aber nein.

Also, Einkaufszettel und Stift.

Das liegt am Schreibtisch, also ins Arbeitszimmer.

Hier setzte ich mich gemütlich auf meinen Sessel und schrieb das auf, was ich im Kopf schon zusammengesammelt hatte.

Aber so, wie ich aussah konnte ich kaum nach draußen gehen.

Eine kurze Dusche würde aus dem müden schon wieder ein waches Gesicht machen.

Also ab unter die Dusche, Haare waschen, einseifen, abduschen, abtrocknen.

Zum Glück besitze ich nicht so viele Haare, als dass ich einen Föhn benutzen müsste.

Drei kräftige Stöße mit dem Handtuch reichen da vollkommen.

Nach der Dusche wollte ich noch schnell den Einkaufszettel und meine Schlüssel holen, doch als ich aus dem Badezimmer herauskam, hörte ich meine Liebste in der Küche ein fröhliches Lied pfeifend an unserer Kaffeemaschine.

Ich ging in ihre Richtung und da kam sie mir strahlend entgegen, nahm mich in den Arm und flüsterte mir etwas ins Ohr, das mich sehr schnell, von meinen ritterlichen Plänen abbrachte.

Denn eine Einladung zu einem Kaffee am Morgen, von dieser Frau, die würde nun wirklich niemand ausschlagen

Der Traum

Aus dem Zimmer nebenan

tickt die Uhr ganz leise

der Nachtwind streicht um unser Haus

und hüllt es in sich ein

Wir liegen hier

und schlafen

und träumen Hand in Hand

ein Lächeln liegt auf Deinem Mund

du bist mein wahrer Traum

Die Antwort

Vergangenheit

prasselt an die Fenster

wie ein starker Regenguss

hier drin

wir Zwei

zusammen

und trotzen dieser Zeit

Die Liebe

die uns bindet

Vertrauen

das uns hält

es gibt noch viele Fragen

die Antwort

sind

wir Zwei

Die Burg

Ruhe liegt über der Landschaft

Frieden fast zum Greifen nah

niemand mehr der hier noch stört

keiner mehr, der es nur wagt

Sinnlos in uns einzubrechen

uns versuchen zu entzweien

niemand kann es,

niemand wird es

wir zu Zweit

sind eine Feste

In der Nacht

In der Nacht

wenn alles ruhig ist

und Gedanken wohlfeil wüten

Träume mich an Orte bringen

die ich vorher

nie gesehen

Schlagen Wogen

tobt das Wasser

kalt umspült mich

eisig Nass

unvermutet

greifen Hände

ziehen mich hoch

aufs trockne Land

Tragen mich ganz nah ans Feuer

Hitze brennt auf meiner

Haut

wache auf

und liege bei

dir

nah und schön

und

warmvertraut

Du bist meine rettend Insel

trocknes Eiland

in den Fluten

hier an deinen weiten Stränden

findet meine Seele Ruh

Die letzte Fahrt

Nebel liegen auf dem Wasser

dicht und stark quillt es umher

und der Bug, der schneidet das Wasser

flüssig Mauer endlos weit

Und die Mannschaft steht an Deck

und stiert hinein

ins weiße Nichts

jeder bangt und hofft auf Meldung

aus dem Krähennest

über ihnen

Doch es bleibt still

so wie die Ferne

die nicht sichtbar, spürbar ist

und der Käpten hält das Steuer

fest in seiner linken Hand

Seine Hand führt ruhig das Ruder

dass den Kurs vom Schiff bestimmt

kennen tut er diese Weiten

viel zu oft schon war er hier

Immer wieder

Angst und Nebel

Riffe, Eis und Sturm und Regen

alles das was man zu Hause

liebt, wenn man im Zimmer sitzt

Ja zu weit ist alles weg

die letzte Fahrt

und dann vorbei

dann ist Zeit für Frau und Kinder

und die Seefahrt einerlei

Und auf einmal

gellt ein Schrei

die Warnung vor dem großen Fels

Ruder rum, Maschine stopp

doch zu spät, der Rumpf zerbarst

Wasser dringt durch alle Ritzen

zieht das Schiff langsam hinab

kaltes nass um spült die Füße

das ist nun des Käptens Grab

Nebel liegt still auf dem Wasser

keine Welle auf dem Meer

dass hier einst ein Schiff fuhr

das merkt heute keiner mehr

Draußen

Dämmerlicht und leichter Nebel

schleicht ums Haus

und legt sich nieder

hüllt die Mauern sanft und leicht

in ein warmes Abendlicht

Leichter Niesel

fällt vom Himmel

schlägt ans Fenster

läuft hinab

ich sitz drinnen

schau nach draußen

denk an dich

Und mir wird warm

Dass du

immer wieder

herkommst,

dass du immer wieder bleibst

mich verstehst und liebst und trägst

Du bist die

die in mir wohnt

Du bist

Du bist der Beweis

dass meine schlechten Erfahrungen

alle

falsch

lagen

Du

Ich wache auf

und riech an dir

und nehm dich nochmal in den Arm

ich küsse und ich streichele dich

ich halte dich

und du mich warm

Die letzte Nacht

ich sag kein Wort

ich schweige und genieße

was wir hier tun

zu zweit, wir Zwei

ein langersehnter Traum

Und du bei mir

ganz nah und schön

dass ich fast in dich krieche

doch bist Du schon ganz lange fort

ich atme ein

und rieche

Egal wohin

Egal

wohin

mein Weg mich führt

Du

bist

an meiner Seite

Egal

ob

über

Berg und Meer

auch durch die trockene Weite

Ich spüre immer

dich bei mir

mehr kann ich gar nicht

wollen

denn du und

deine Nähe

ist alles was ich brauch

Angus

Es war wie immer still um diese Zeit.

Kein einziger Laut war zu hören, außer dem stetigen tropfen des Wasserhahns, aber daran hatte ich mich gewöhnt, wie an die ständige Abwesenheit meines Hausmeisters.

Seinen Job hätte ich aber auch nicht haben wollen.

Nicht in diesem Wohnkomplex.

Es war 05.15 und ich saß, wie üblich um diese Zeit auf Toilette und entließ die letzte Nacht und ihre Überbleibsel in die Kanalisation.

In der Küche gurgelte die Kaffeemaschine vor sich hin und ich hatte noch ein paar Augenblicke Zeit, bevor ich mich wieder in mein chancenloses Berufsleben stürzen würde.

Ich erledigte die kurzen Säuberungsmaßnahmen und erhob mich von meinem Tron, wusch meine Hände und stapfte in meine Küche.

Der Bohnensaft war noch nicht durchgelaufen und so warf ich einen kurzen Blick auf das, was da an Resten meiner Versorgung herumstand.

Zwei volle Aschenbecher, ein leerer Kasten Bier, ein halbvoller und eine Tüte Vollmilch, die ich schon vor ein paar Tagen hatte in den Kühlschrank stellen wollen.

Den Weg konnte ich mir jetzt schon mal sparen.

Ich setzte mich auf meinen Morgensessel, den ich in unmittelbarer Nähe des Kühlschranks positioniert hatte und wir schauten der Kaffeemaschine zu, wie sie in aller Seelenruhe ihr Tagwerk beendete.

Ein letztes Schlürfen, ich öffnete den Kühlschrank, nahm eine Milch raus, trat an das Maschinchen und bereitete mir einen Zaubertrank und dann begann mein kleines Universum, seine ersten Geräusche von sich zu geben.

In der Wohnung über mir konnte ich hören, wie das junge Ehepaar ihren Tag begann, also eigentlich konnte ich nur sie hören.

Dieses ständige ja konnte einem wirklich den Kaffee versauen.

Wie lange hatte ich denn eigentlich schon keinen Sex mehr?

Ich nahm einen Schluck und just in diesem Moment knallte irgendetwas bei meinen Nachbarn gegen die Wand und was es war, stellte sich durch ein hysterisches Schreien meiner Nachbarin heraus.

Die Polizei hatte unseren Wohnriesen schon fünf Mal diese Woche, wegen ihr und ihrem Freund besucht und es war erst Mittwoch.

Sie prügelten sich dauernd, also eigentlich mehr er sie, dementsprechend hingerichtet kam sie auch öfter den Flur entlang geschlichen, nah an der Wand, langsam und immer Deckung suchend.

So früh allerdings, hatten sie noch nie mit ihren Spielchen angefangen.

Oben die Stöhnende und nebenan die Kreischende, wenn sie da jedenfalls einen Rhythmus, also einen gemeinsamen gehabt hätten und weil meinem Nachbarn von gegenüber, diese Gladiatorenkämpfe auch jeglichen Nerv raubten, startete er seine Anlage und so dröhnte zum Ja von oben und dem Nein von nebenan Highway to hell von AC/DC durch die gekachelten Flure unseres Mietwohnauffangzentrums, wie ich es gerne nannte.

Wie immer rief ich bei der Polizei und meldete, in der Hoffnung, dass sich etwas ändern würde, den Streit meiner Nachbarn.

Und zur Lust von oben und der Last von nebenan, ging ich in mein Schlafzimmer und zog meine Arbeitsklamotten an.

Ich wartete bis die Polizei kam und dieses Mal nahmen sie ihn mit

Wohl ein bisschen zu oft über und in die Stränge geschlagen der Gute.

Manchmal braucht die Gerechtigkeit eben auch ihre Zeit, um den zu finden, den sie gesucht hat.

Angus Young spielte sein Solo, wie immer perfekt und ich verließ meine Wohnung, wie immer gewohnt.

Ich ging den Flur hinunter und trat vor die Tür.

Die Sonne schien und allein das gab mir ein gutes Gefühl und bestärkte meinen Glauben daran, dass die Welt eben doch in Ordnung war.

Ein Blick von Dir

Es reicht

ein kurzer Blick von dir

allein schon der tut gut

ein kurzes streicheln meiner Hand

und fort ist alle Wut

Durch dich bin ich

in mir in uns und

du in mir Zuhaus

In meiner Seele da wohnst Du

Und das ist ....

Einmal mit Dir

Einmal mit dir

zusammen sein

und deine Wärme spüren

einmal mit dir

so Hand in Hand

komm lass uns uns

entführen

Einmal mit dir

hin und zurück

mehr muss es gar nicht sein

denn du bist einfach wahres Glück

für immer

nie allein

Eroberung

Du hast mich im Sturm erobert

ohne einen Krieg zu führen

und seit der Zeit

da leben wir

unsere Welt

in Friedenszeit

Hoffnung

Ich kam mal neulich

ganz spontan

bei mir zu Haus vorbei

da sah ich mich

nach vorn gebückt

in schwerer Denkerei

So kannte und so wollte ich

mich wirklich nicht mehr sehen

Ich sagte: „Komm jetzt schon, den Arsch mal hoch,

wir wollen nach draußen gehen."

Ich nahm mich sehr behutsam

und ängstlich bei der Hand

wir stapften los

ganz ohne Ziel

und fanden uns am Strand

Wir saßen da und schauten

und niemand sah zurück

und dann, ganz klein

auf einen Schlag

da hatten wir´s im Blick

Ein kleines Licht

am Horizont

das kam da auf uns zu

ich sah mich an

und wusste gleich

die Hoffnung

das bist du

Denn Alles was du mir

so unerwartet gibst

ist mehr als bloße Hoffnung

Zuhaus ist für mich nur da,

wo Du mich innig liebst.

Ich erkläre euch den Frieden

Ihr die Bomben, Panzer baut

und sie an den Krieg verkauft

und mit jedem neuen Toten

euren Reichtum noch vermehrt

skrupellos die Welt zerstört

und dafür noch ein

danke wollt

euch erkläre ich den

Frieden

denn verstehen tut ihr nichts

Ihr die durch die Städte lauft

und nach einem Führer schreit

Andersdenkende bedroht

weil ihr Angst habt vor dem

Denken

Steine werft und Lieder grölt

und dieses Land langsam zerstört

euch erkläre ich den Frieden

weil ihr nichts begriffen habt

Alle die

die anderen Menschen

weh tun

weil sie anders sind

oder sie nur niederbrüllen

weil sie nicht zu sprechen lernten

alle die genauso fühlen

die noch denken, reden können

lasst uns allen den Frieden zeigen

Niemand kann mehr ohne ihn

Ikke wa

Ik wache of

Und denk an Dir

dit find ich ziemlich dufte

Dit passt mir jut

Dit will ik weita

Bis ik fahr in die Grufte

In der Mitte meiner Wut

In der Mitte meiner Wut

wächst ein Baum

und gibt mir Schutz

vor dem ganzen

was die Welt

über mich

zu schütten sucht

Immer wenn ich

hilfesuchend

seinen alten Stamm berühre

weiß ich

dass ich hier mein Platz

und auch meinen Frieden finde

Kann passieren (für Betty Ford)

Wenn ich abends

in der Stube

trinke mir ein Gläschen Wein

werden daraus

meistens mehr noch

und dann schlaf ich friedlich ein

Drum trink ich abends

gerne Wasser

bleibe nüchtern

und auch klar

und das Denken

wird noch krasser

und ich

Schüchtern

kann passieren

Also hoch die

Tassen und Getränke

lasst ersäufen unsere Mauern

die uns alle stets umgeben

denn bei Betty

ist immer ein Zimmer frei

Kerze

Im Licht

der kleinen Kerze

da höre ich

die Worte

die du für mich allein

ganz leise zu mir sagst

Und jedes Mal

wenn du das tust

dann ist es

immer wieder

auf deine Art

wenn ich dich sehe

mein eigenes

kleines Wunder

Nach all der Zeit

Wenn du an mir vorbeigehst

mich sachte nur berührst,

wenn ich nur an dich denke

und du mich damit schon verführst

nach all den Jahren

und all der Zeit

bist du auch jetzt mein Traum

wir leben ihn zusammen

so schön

ich glaub es kaum

Nicht nur

Nicht nur dein Gesicht

und nicht allein dein Lachen

nicht nur deine Hüften

und auch nicht nur dein Geist

nicht allein die Stimme

und auch nicht nur dein Kuss

es ist viel mehr

alles in dir

was uns zusammenschweißt

Nur ein Nationalist

Du hast nicht viel

an was du glaubst

und was dich wirklich hält

in deinem Kopf

wird auch mal schnell

ein Despot schnell zum Held

Die Grenzen die

 dein Geist dir setzt

sind für dich total real

enge Wege

schmale Flure

keine Weite

und nicht bunt

Deine Welt ist grau und öde

alles schlecht

und gar kein Widerspruch

 gibt es bei Dir

niemals keine Kunst und keine Lieder

Und weil Du bist

so wie Du bist

und auch gar nicht anders willst

weil in dir und deinem Herzen

eine öde Wüst ist

Weil du hasst, was du nicht kennst

und es auch nicht kennenlernen willst

wurd aus dir kein echter Mensch

sondern nur ein Nationalist

Ob nun

Ob nun ich

dich

oder

du

mich

wer auch wen gefunden hat

ist jetzt **nicht** mehr entscheidend

Wichtig ist

dass

du

mich

und

ich

dich

nicht mehr

weggelassen haben

Ohne aber und

Jedes Mal

wenn wir uns treffen

immer dann

wenn ich

dich sehe

ist es wie beim

ersten Mal

bin ich

ratlos aufgeregt

Kurz den Blick

nicht auf dir liegend

dann entdecke

ich

dich

neu

Immer wieder

Unaufhörlich

immer mehr

und ohne wenn

Die Sache mit Doc Holliday und mir

Die Sonne brannte fast senkrecht auf mich herab,
meine letzte Wasserration war schon vor Stunden als
Schweiß durch meine Haut verdampft.
Hinter dem nächsten Hügel musste sie liegen, die Stadt
in der ich Wasser, Vorräte und eben auch ihn treffen
würde.
Ich war schon ewig auf der Suche nach ihm und jetzt,
würde ich mich und er sich, dem Schicksal stellen
müssen.
Mein Gaul spuckte weißen Schaum und würde es nicht
mehr lange machen, wenn er kein Wasser bekommen
würde, aber diesen einen Hügel, musste er mich noch
tragen.
Der Sand unter seinen Hufen entwich jedem seiner
Tritte und es war, als würde er immer wieder in ein
Loch treten, er verlor seine Kraft, ich konnte es sehen
und hören.
Ich stieg ab und führte ihn am Zügel die Düne hinauf.

Kurz vor dem Gipfel fiel mein Pferd, ohne ein Geräusch zu machen auf die Seite und blieb liegen.

Ich drehte mich nicht um, sondern ging einfach weiter, hier draußen ist sich jeder selbst der Nächste.

Tatsächlich, von der Spitze der Düne konnte ich die flimmernden Umrisse von Dodge City erkennen und wusste, dass es ein Anfang, oder eben ein Ende sein würde und beneidete mein totes Pferd in diesem Moment um seinen Zustand.

Ich stolperte durstig und fast ungebremst den sandigen Abhang hinunter und bemühte mich nicht hinzufallen.

Unten angekommen schlug ich mir mit meinem Hut den Sand aus der Hose, stemmte meine Hände auf meine Knie und machte einen kleinen Moment Pause, bevor ich mich aufrichtete, um dann langsam auf Dodge zuzugehen.

Ich richtete mich auf, zog meinen Hut zurecht und ging langsam Schritt für Schritt auf die kleine Stadt zu.

Mit jedem Schritt, den ich machte, schlug mein Herz schneller.

Wie lange hatte ich auf diesen Tag gewartet, den Tag
der Abrechnung

Dann stand ich vor dem Saloon und wie immer waren
die Straßen in Dodge leergefegt und man konnte nur
das Geklimper des Klavierspielers hören.

Zwei vom Sonnenlicht ausgeblichene Holzstufen
führten mich direkt vor die doppelflügrige Schwingtür.
Ich legte meine Hände auf sie, atmete kurz ein und
stieß sie nach innen auf und betrat den Ort der
Entscheidung.

Und tatsächlich, es war wie ich erwartet hatte.

Holliday saß allein an einem Tisch, den Hut tief ins
Gesicht gezogen und den Kopf leicht nach vorne
geneigt, sodass man ihm nicht in die Augen schauen
konnte.

Ich checkte den Raum, die Bar, die anderen Tische und
die Treppe, die in einem kleinen Bogen von oben nach
unten führte.

Kein Mensch zu sehen, niemand zu hören

Also machte ich mich Schritt für Schritt auf den Weg zu
Doc, um dann so neben ihm Platz zu nehmen, dass ich

seine Hände im Auge, aber eben immer noch den nötigen Abstand behielt. Ich setzte mich vorsichtig und behielt seine Hände im Auge, denn die eine hatte er an seinem Glas, die andere, an seinem silberfunkelden Colt.

„Du hast lange gebraucht", kam es zwischen seinen schmalen Lippen hervor, „was hat dich aufgehalten?"

„Der Sand, die Hitze, der Weg."

„Hauptsache du bist jetzt hier und wir können endlich abrechnen"

Und gerade, als sich zwei Männer, in der Einsamkeit der Wüste gegenübersitzen, um des anderen Ende zu besiegeln, kommt das, was immer am wenigsten erwartet.

Eine Frau

Eine Sekunde nicht aufgepasst und zack sitzt sie da. Sie setzte sich neben mich und streichelte mir sanft über meinen Rücken.

Ich schaute sie kurz an, aber sah sofort, dass sie nicht mein Typ war.

Ein bisschen zu alt eben, für einen Kerl wie mich, aber es tat gut ein bisschen Zärtlichkeit nach meinem Weg zu spüren und dann tat sie das, was niemand ungestraft bei einem Cowboy macht.

Sie nahm mir den Hut ab und ich hörte eine mir so bekannte Stimme, die mich dahin zurückversetzte, wo ich jetzt eigentlich nicht sein wollte:

Auf den Campingplatz an der Nordsee und ich würde hier mit ihnen für die nächsten Wochen gefangen sein.

So ist eben das Leben, als Cowboy, am Meer.

Schwerelos

Schwerelos in den

Gefühlen

in dem Sog

der mich

zu dir zieht

Lass mich treiben

von der Kraft

die mich immer wieder

zu

dir

bringt

Sommerregen

Wie ein warmer Sommerregen

fielst du ein

in meine Welt

und ohne jede Gegenwehr

stand ich da

und wurde nass

Ich will kein Handtuch

das mich trocknet

dich von meiner Haut wegwischt

du bist das

was mich am wärmsten

hält

ich bleib für immer nass

Stille Stunden

In unseren stillen Stunden

sag ich dir

immer wieder

wie sehr du mir gefehlt hast

bevor wir zwei uns kannten

Stück für Stück

Morgen, Nacht

Tag und Abend

zwei wie wir

sind immer da

Hell und dunkel

laut und leise

du und ich

sind unerreicht

Und die Schritte

die wir machen

sind synchron

und doch allein

Und so folgt ein Schritt

dem anderen

 gleiche Höhe

selbes Ziel

Trüber Tag

Du lachst

und malst nen Regenbogen

in meinen trüben Tag

Übergang

Träge fließen die Gedanken

viel zu langsam für´s Geschehen

Flüssigkeit dringt durch die Poren

bringt die Angst von innen her

Starr vernebelt in die Weite

sehe dort die Schatten nur

und sie kommen mich zu holen

für den Zweck des Übergangs

Und sie kommen immer näher

und der Schweiß

er rinnt und rinnt

einen Schluck will ich noch trinken

auf das Leben allgemein

Und dann stehen sie da

die Häscher

nah bei mir und greifen zu

flüstern leis,

ich kann´s kaum hören

Gott, mach mir die Augen zu

Will nicht sehen und nicht hören

eure Welt

ist eure nur

wenn ich meine jetzt verlasse

bleibt von mir ein Stückchen nur

Denkt an mich

wenn ihr einst redet

über diese Welt so schlecht

eine Bessere

wird´s nie geben

Nutzt die Zeit

Nutzt eure Zeit

Vermissen

Seh ich draußen

andere Menschen

die sich herzen und auch küssen

Dann fühl´ ich deine Hand in meiner

fühl dich nah

das ist vermissen

Vorsehung

Wenn es wirklich Zufälle gibt

dann

war es doch der schönste Zufall,

dass

wir

uns

gefunden haben

Wenn es doch die Vorsehung gibt,

würde ich gerne wissen,

wer das mit

dir

und

mir

vorausgesehen hat

Was ich suchte

Dass du bist

was ich suchte

hab ich zu lange nicht gewusst

und jetzt, da bringst du jeden Tag

Licht und Lachen

her zu mir

Jeder Tag ist

wie der Sommer

jeder Morgen

warm und Hell

und bei dir

an deiner Seite

Frühlingsanfang immer wieder

Weg

Du gehst den Weg

und es ist deiner

neu und einfach unberührt

nur das Ziel in deinen Augen

du wirst sehen

wohin er führt

Und ganz gleich

ob ja und nein

bei jedem Schritt ins unbekannte

 Weite

 ganz egal wohin

da bin ich auch

und an deiner Seite

Wenn alles still ist

Nachts

wenn alles dunkel ist

und du nah bei mir liegst

der Mond sein sanftes Licht

ganz sachte auf dich wirft

Du schläfst und lächelst und du schluckst

und drehst dich von mir weg

so sicher war ich mir noch nie

dass Du für immer bleibst

Wenn ich träume

Wenn ich schlafe

und dann träume

dass du fort bist

wird mir kalt

Dann wach ich auf

erschreckt von Panik

schau mich um

und du liegst da

lächelst tief

in den Träumen

du bist hier

und warst nie fort

Worte

Worte

fragen nicht nach Wegen

treffen dich

egal wohin

Drum lasst uns unsere Sprache lernen

denn unbewaffnet

sind wir nie

Zeit

Ich seh dein Bild

ich hör dein Lachen

ich denk an dich

spür deine Haut

Nach all der Zeit

die wir uns kennen

Immer neu

und tief vertraut

Zurückkommen

Ein kleiner Schatten liegt

dort wo du einst warst

Ich stehe hier und suche

und blicke in das Nichts

Das Warten macht mich mürbe

doch bleibt die Hoffnung da

dass du bald wieder dort stehst

wo dann der Schatten war

Grammatische Verwerfung

Er winkt mir zu

und schreit mich an

„Ich tu nach ALDI gehen"

ich schau´ zurück

und ruf ihm zu

„Sollen wir uns heut noch sehen?"

Er lacht und schaut und sieht mich an

„Na ist doch schon geschehen"

da hat er recht

ich stimm´ ihm zu

und lass ihn weitergehen

Des einen Leid

des anderen Fall

so kann man es beschreiben

denn unsere Sprache ist so schön

und soll es mal auch bleiben

Mr. Cage

Ich setzte meine Füße auf den kalten PVC-Boden, wie jeden Morgen.

So, als würde man mit den Fußspitzen die Wasseroberfläche eines Schwimmbades berühren, um zu prüfen, ob es warm genug zum Schwimmen ist.

Wie trügerisch sind doch diese kleinen, unprofessionellen Versuche.

Aber ich war nie gut in Physik.

Draußen war es noch ein wenig nebelig und ich schlurfte über den kalten Boden in die Küche, drückte auf den Einschaltknopf der Kaffeemaschine und schaute aus dem Fenster.

Gestern Frühling, heute Herbst, da stimmte doch was nicht

Ich zog meinen Bademantel an und ging zum Briefkasten.

Jedenfalls die Morgenzeitung war da.

Kaffee und Morgenzeitung eine nicht zu unterschätzenden Kombination am Morgen.

Ich positionierte sie auf dem Küchentisch, wendete mich Richtung Bad und erledigte dort das, für was diese Lokalität einst geschaffen wurde.

Erleichtert kehrte ich in die Küche zurück, nahm mir einen Kaffee, setzte mich an meinen Küchentisch und schlug die Zeitung auf.

VW, Trump, Brexit, alles Themen, die sich in einer Dauerschleife durch die Medien und unser Leben ziehen.

Kriege, Hungersnöte, Tot und Verderben.

Das wir schon so lange auf dieser Welt lebten, erstaunlich.

Ich blätterte weiter, die lokalen Nachrichten verrieten mir, dass wieder eine Katze entlaufen war und unsere Dorfgaststätte bald ein rundes Jubiläum feiern würde.

Im Kleinen schien die Welt noch zu funktionieren.

Auf der letzten Seite waren, wie bei vielen Tageszeitungen ein Mischmasch aus Politik, Sport und Promimeldungen.

Das interessierte mich nicht unbedingt, doch im Überflug las ich eine Überschrift, die meine Aufmerksamkeit erregte.

Je mehr Filme Nicolas Cage dreht, umso mehr Menschen ertrinken in Kalifornien in ihren Swimmingpools.

Das war viel mehr als bloße Verschwörungstheorie und ich las mit erschrockenen Augen die Dezidierte Begründung, warum Herr Cage an so vielen Toden im Golden State verantwortlich war.

Erstaunlich, was man alles berechnen kann.

Grundflächen von Quadraten zu berechnen schien selbst mir noch logisch, aber das?

Verblüfft setzte ich meine Fußsohlen auf den Boden und die Kälte kroch sofort nach oben.

Dann schlug ich wieder die erste Seite auf und sah verschiedene Politiker mit verschränkten Armen, in Denkerpose.

Ich hob meine Füße vom Boden hoch und setzte sie umgehend wieder ab.

Eine erschreckende Frage kam in mir auf.

Gab es einen Zusammenhang zwischen Politik und Polymer?

Konnte beides zu Kälteschüben führen?

Und wenn ja, wie könnte man das ausrechnen?

Einen Moment klammerte ich mich an meine Kaffeetasse, um dann einen Plan zu schmieden.

Ich würde den Schlaumeiern von dieser Universität schreiben und sie um Überprüfung meiner These bitten, aber viel wichtiger war es, meinen Freunden in San Francisco zu schreiben, sie auf die Studie hinzuweisen und sie zu bitten vorsichtig und umsichtig in der Nähe des Pools zu sein.

Mr. Cage war ja noch nicht wirklich alt, würde noch ein paar Filme drehen und ich wollte unter allen Umständen, dass meinen Freunden nichts passiert.

Ich begann sofort ihnen einen Brief zu schreiben.

Manchmal haben Statistiken eben auch einen sozialen Effekt.

Zu wieviel Prozent?

Ich weiß es nicht.